＼今さら聞けない／

手芸の基礎がよくわかる！
はじめての子ども服

朝井牧子 著

はじめに

この本は、お子様のために一度は手作りのお洋服を作ってみたい。

そんなソーイング初心者のママたちに向けて、

子ども服作りにかかせない大切なポイントを、写真つきで丁寧に説明しています。

「お洋服は作ったことがないし、難しそう」

「苦労して作っても、かわいくできなかったらどうしよう」

そんな心配もありますよね。

でもやっぱり作ってみたいかもって思ったら、

この本を参考にしてちょっとだけ頑張ってみてください。

はじめてだからといって、ただシンプルなだけじゃない、

仕上がりが絶対かわいくなるようなデザインにしています。

まずはスモックブラウスやTシャツ、ギャザースカートから。

慣れてきたらシャツやコートにも、チャレンジしてみてくださいね。

朝井牧子

Contents

Check!! **作り方ポイント** ·· p.6

A スモックブラウス ······································ p.8 (p.28)

    Point 1　見せるパイピングで衿ぐりをかわいらしく ··· p.30

B ギャザースカート ······································ p.10 (p.31)

    Point 2　ベルトのつけ方 ································ p.32

C ギャザーワンピース ···································· p.11 (p.34)

    Point 3　衿ぐりの始末の仕方 ························ p.36

    Point 4　カフスのつけ方 ···························· p.36

    Point 5　袖のつけ方 ································ p.37

D ワイドTシャツ ·· p.12 (p.38)

    Point 6　Tシャツのボーダーの合わせ方 ··········· p.40

    Point 7　衿ぐりのぬい方 ···························· p.40

E シャツ ·· p.14 (p.41)

    Point 8　前立てのつけ方 ···························· p.43

    Point 9　袖のつけ方 ································ p.43

    Point 10　衿のつけ方 ································ p.44

    Point 11　ボタンホールのあけ方 ···················· p.45

F　ペプラムパンツ ……………………………… p.16 (p.46)

　　Point 12　股上→股下→脇の順でぬうパンツ ……… p.48

G　ショートパンツ ……………………………… p.17 (p.49)

　　Point 13　前ポケットを作る ……………………… p.50

H　ベスト ………………………………………… p.18 (p.52)

　　Point 14　表布と裏布の突き合わせのぬい方 ……… p.54

I　コート ………………………………………… p.20 (p.56)

　　Point 15　コートの見返しのつけ方 ……………… p.58

J　サロペット …………………………………… p.21 (p.60)

　　Point 16　ぬい目を利用した、簡単なスラッシュポケットの作り方

　　……………………………………………………… p.61

楽しいソーイング

基本的な道具 …………………………………………… p.24

ミシン糸とミシン針・ニット用の針と糸・布の幅・
布の名称・布の必要量の目安・布の水通しと地直し ………… p.25

型紙を作る・布を裁つ ………………………………… p.26

ソーイングの基本 ……………………………………… p.27

＊（　）内は How to make のページ

作り方ポイント

本書は、各作品で、作るときにポイントとなるところを、プロセス写真で解説いたします。
各ポイントは、いろいろと応用できる基本ともいえるので、知っておくとよいでしょう。

A スモックブラウス

Point 1
見せるパイピングで衿ぐりをかわいらしく
>> p.30

かわいいプリント生地のバイアス布を使って、衿ぐりの始末をする方法。

B ギャザースカート

Point 2 ベルトのつけ方
>> p.32

スカートでもパンツでも、ウエストのゴムを通すベルト布のつけ方は、マスターしておきたい。

C ギャザーワンピース

Point 3
衿ぐりの始末の仕方
>> p.36

Point 5
袖のつけ方
>> p.37

Point 4
カフスのつけ方
>> p.36

衿ぐりを挟むバイアスのつけ方、袖口にギャザーを寄せてカフスをつける方法を学びます。

E シャツ

Point 10
衿のつけ方
>> p.44

Point 9
袖のつけ方
>> p.43

Point 11
ボタンホールのあけ方
>> p.45

Point 8
前立てのつけ方
>> p.43

シャツでは、袖つけ、前立てつけ、台衿と衿のつけ方など、チェックポイントがたくさんあります。

D ワイドTシャツ

Point 7
衿ぐりのぬい方
>> p.40

Point 6
Tシャツのボーダーの合わせ方
>> p.40

前・後ろのボーダーが、つながっているように合わせるには、裁ち方に気をつけます。ニット地の衿ぐりの始末もマスター。

F ペプラムパンツ

Point 12
股上→股下→脇の順でぬうパンツ
>> p.48

この順番でぬうと、簡単にできる、パンツの作り方手順。

G ショートパンツ

Point 13
前ポケットを作る
>> p.50

パンツやスカートに、前ポケットがついていると便利です。

H ベスト

Point 14
表布と裏布の突き合わせのぬい方
>> p.54

表布、裏布のあるベストの作り方を、やさしく伝授。

I コート

Point 15
コートの見返しのつけ方
>> p.58

コートや上着の見返しのつけ方は、覚えておくと便利。

J サロペット

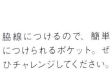

Point 16
ぬい目を利用した、簡単なスラッシュポケットの作り方
>> p.61

脇線につけるので、簡単につけられるポケット。ぜひチャレンジしてください。

a.半袖

b．長袖

A
スモックブラウス
直線や、緩やかなカーブをぬい合わせて作るので、
はじめてお洋服作りにチャレンジする方におすすめです。
ポイントになる衿バイアスは、
柄の小さいものを選ぶとかわいいです。
How to make p.28

B
ギャザースカート

膝下丈でちょっとお姉さん気分になれるスカートです。
ギャザーを寄せるときは、糸を引いたあと、
指先を使ってなるべく均一に寄るように意識して作ってみましょう。

How to make p.31

C

ギャザーワンピース

甘くかわいいパフスリーブは女の子服の定番です。
このワンピースで、基本の衿ぐりの始末も
一緒にマスターしちゃいましょう。

How to make p.34

D
ワイドTシャツ

身幅を広くしてワイドなシルエットにしました。
生地は薄手でテンションの低いニットを選ぶとぬいやすいです。
ボーダーを選ぶときは、柄合わせに注意。
柄がきれいに合うと完成度が上がります。
How to make p.38

a. ボーダー

b. 無地

E
シャツ

一度は作ってみてほしいシャツ。
衿や前あきなど、少し工程が多い分、
ゆっくり、丁寧に時間をかけて取り組んでみてください。
How to make p.41

b. 長袖

F
ペプラムパンツ

後ろについたペプラムがとてもかわいいパンツ。
難しいテクニックのいらない、
シンプルな仕立てになっています。
How to make p.46

G
ショートパンツ

前ポケット作りは以外と簡単。
1着あるだけでとても使えるおすすめショートパンツです。
How to make p.49

H
ベスト

このベストは表と裏を合わせて、中ぬいで仕立てます。
工程はあまり多くないので大丈夫。
ぜひ作ってみてください。
How to make p.52

I
コート

ゆったりシルエットのアウターは、
少しだけ応用編。
袖のフリルはお好みでつけなくてもOK。
シンプルになって男の子にもいいかも。
How to make p.56

J
サロペット

ぬい目を利用したポケットは、
デザインの邪魔にならない上にとても機能的。
少しゆったりめの、かわいいサロペットです。
How to make p.60

How to make

作りたいアイテムが見つかったら、さあハンドメイドにチャレンジ！
難しそうなところは、Point解説にまとめてみました。

[90cm、100cm、110cm、120cm、130cmサイズの子ども服]
■この本の子ども服作品は下記サイズをもとにしたものです。
　身長 90cm、100cm、110cm、120cm、130cmサイズのお洋服が作れます。
　お子さんのサイズに合わせて型紙を選んでください。
　ワンピースの着丈やパンツ丈などはお子さんに合わせて調節してください。
■口絵モデルのお子さんは身長114cmで、110cmサイズを着用しています。

[材料と裁ち方について]
■ How to make ページの「材料」では
　子ども服は 90cm、100cm、110cm、120cm、130cmの場合の材料を記載しました。
　指定のない1つの数字は全サイズに共通です。
■裁ち方図や作り方図内に並んでいる数字は 90cm、100cm、110cm、120cm、130cmの場合の順です。
■布を裁つときは裁ち方図を参考にしてください。裁ち方はサイズによって配置が異なる場合があります。
　この本では 110cmサイズで裁ち方図を作成しています。

[参考サイズ]
90 ……2歳くらい。身長 90cm、体重 12 ～ 14kg
100……3歳くらい。身長 100cm、体重 14 ～ 16kg
110……4 ～ 5歳くらい。身長 110cm、体重 16 ～ 20kg
120……6歳くらい。身長 120cm、体重 20 ～ 22kg
130……7 ～ 8歳くらい。身長 130cm、体重 22 ～ 26kg

楽しいソーイング

[基本的な道具]

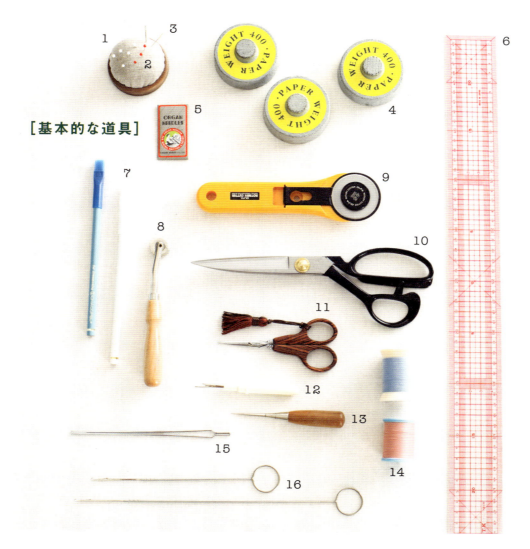

1. 針山
作業中、針を一時的に刺しておきます。

2. まち針
布がずれないようにまち針でとめて使います。

3. 手ぬい針
手ぬいでまつるときなどに使います。

4. ウエイト
型紙をハトロン紙に写すときなど、これで押さえます。

5. ミシン針
布の厚さによって適した針を使います。

6. 方眼定規
方眼のラインで平行線を引くことができ、カーブも定規を起こしてはかれます。

7. チャコペンシル
布地に型紙を写すときや、ぬいしろの印つけに使います。

8. ルレット
チャコ紙で布地に型紙を写すときなどに使います。

9. ロータリーカッター
布を平らに置き、型紙に沿って刃を転がしてカットします。

10. 裁ちばさみ
布以外のものを切ると切れ味が落ちるので布地専用に。

11. 手芸用はさみ
細かな切り込みを入れたり、糸を切るのに便利。

12. リッパー
ぬい目の糸切りに使います。ぬい目をほどくときなどに便利。

13. 目打ち
角を整えたり、ぬい目をほどいたりに。

14. ミシン糸
ミシンや布によって適した太さや色の糸を使います。

15. ゴム通し
ウエストや袖口にゴムテープを通すときに使います。

16. ループ返し
先がカギになっているので、細いひもでも簡単に裏返せます。

[ミシン糸とミシン針]

ローンなどごく薄い布 ── 90番の糸、9号針
普通の厚さの布 ──── 60番、50番の糸、11号針
普通〜厚地の布 ──── 30番の糸、14号針
デニムなど厚地の布 ── 20番の糸、16号針

[ニット用の針と糸]

ニット地をぬうにはニット用の針と糸を使用します。
ミシンはロックミシンがおすすめです。
直線用ミシンでぬうときは肩をぬい合わせるときなど、
伸び止めテープを貼ってぬいます。

[布の幅]

90〜92cm ──── ギンガムやシルク、ブロードなど。
110〜120cm ── コットンやリネン、化繊など。
140〜180cm ── ウールやニット地など。

[布の名称]

布幅 ──── 布の横地の耳から耳まで。
耳 ───── 織り糸が折り返している両端。
縦地 ──── 耳に平行している布目で、
　　　　　　裁ち方図に矢印で示しています。
横地 ──── 耳に対し直角の布目。
バイアス ── 縦地に対して45度の角度で伸びやすい。

[布の必要量の目安]

90〜92cm
ブラウス ──── [身頃丈＋袖丈]×2＋30cm
ワンピース ── [身頃丈＋スカート丈＋袖丈]×2＋30cm
スカート ──── スカート丈×2＋20cm

110〜120cm
ブラウス ──── 身頃丈×2＋袖丈＋30cm
ワンピース ── [身頃丈＋スカート丈]×2＋袖丈＋30cm
スカート ──── スカート丈×2＋20cm

140〜180cm
ブラウス ──── 身頃丈＋袖丈＋20cm
ワンピース ── 身頃丈＋スカート丈＋袖丈＋20cm
スカート ──── スカート丈＋15cm
（ベルトがつく場合は、ベルトの長さ＋5cm）

＊パンツの場合はスカート丈のところをパンツ丈にしてください。

[布の水通しと地直し]

洗濯による縮みを防いだり、布目を真っすぐにするため、布を裁つ前に地直しをします。

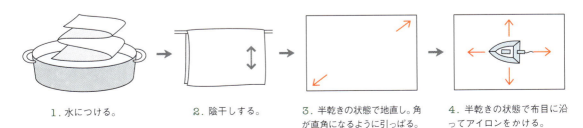

1. 水につける。
2. 陰干しする。
3. 半乾きの状態で地直し。角が直角になるように引っぱる。
4. 半乾きの状態で布目に沿ってアイロンをかける。

［型紙を作る］

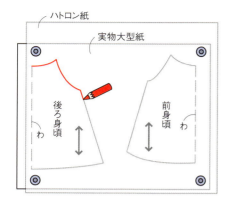
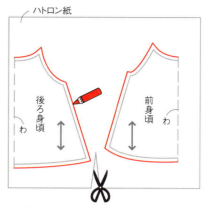

1．実物大型紙の上にハトロン紙（トレーシングペーパーでもよい）をのせ、ウエイトでずれないように固定して鉛筆で写す。「わ」や布目線、「ポケットつけ位置」など型紙の中の印をかき写す。

2．裁ち方図を参照してぬいしろをつける。ハトロン紙をはずして、できあがり線どおりにはさみで切る。

［布を裁つ］

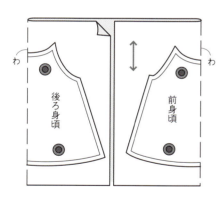
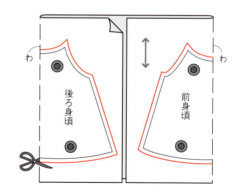

1．裁ち方図を参考に、布目線が真っすぐになるように布を中表にたたみ、上に型紙を置く。型紙の「わ」の部分と布の「わ」を合わせる。

2．間違いがないかよく確認してから、ぬいしろ線を裁断する。布は平らに置き、なるべく布を動かさないようにしてカットする。

■ 布を裁つときのポイント

角の部分はぬいしろが不足しないように注意。図のようにぬいしろを折りたたんだ状態にしてカットする。

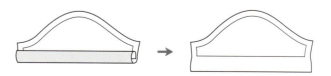

[ソーイングの基本]

■ わ
布地を二つに折ってできる部分を「わ」といいます。

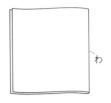

■ ぬいはじめ、ぬい終わり
ぬいはじめやぬい終わりは、糸がほつれないように1cmほど重ねて返しぬいします。

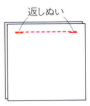

■ 中表と外表
布地の表と表を向かい合わせて重ねることを「中表」といい、裏と裏を向かい合わせて重ねることを「外表」といいます。

■ 三つ折り
裾や袖の始末に、でき上がり線で一度折り、さらに布端を内側に入れて折ります。

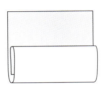

■ 四つ折り
バイアス布を作るときなどに、端と端を中心に合わせて折り、さらに中心で折ります。

■ バイアス布を作る
布目に対して45度の角度で必要な布幅にカットします。

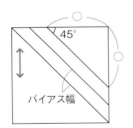

■ バイアス布のはぎ方
2枚のバイアス布を中表に直角に合わせてぬいます。ぬいしろを割り、余分なぬいしろをカットします。

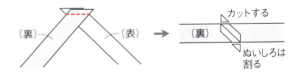

■ ボタンホールの作り方

1. チャコペンでボタンホールを描く。
2. 細かい目のジグザグミシンをかける。
3. リッパーで切り込みを入れる。

27

A スモックブラウス

photo p.8

[材料]
用尺は左から身長90／100／110／120／130cmの順
表布　110cm幅×80／90／100／110／120cm
別布　縦40cm×横40cm
ゴム（6コール）半袖　74／78／82／86／90cm
　　　　　　　　長袖　70／74／78／82／86cm

[実物大型紙] A面

・前身頃
・後ろ身頃
・袖

[裁ち方図]
単位cm　ぬいしろは指定以外1cm
用尺は上から身長90／100／110／120／130cmの順

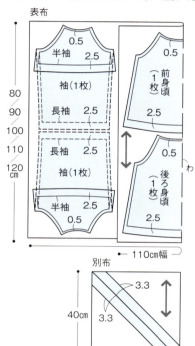

How to make

1. 袖と身頃をぬい合わせる
2. 衿ぐりを作る　※ Point 1 (p.30) 参照
3. 袖下から脇をぬい、裾を上げる
4. 袖口をぬい、ゴムを通す

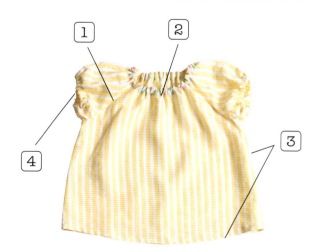

1. 袖と身頃をぬい合わせる

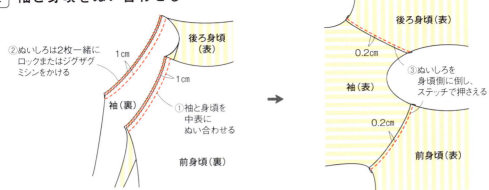

2. 衿ぐりを作る ※ Point 1 (p.30) 参照
※別布のバイアス布をはぎ合わせる（p.27「バイアス布のはぎ方」参照）

3. 袖下から脇をぬい、裾を上げる

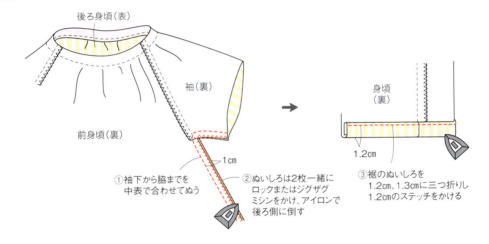

4. 袖口をぬい、ゴムを通す

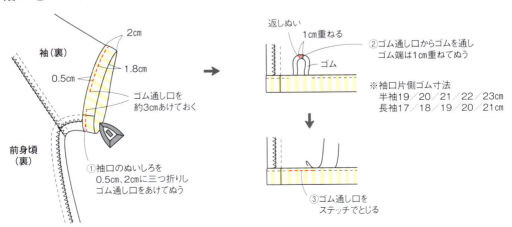

※袖口片側ゴム寸法
半袖19／20／21／22／23cm
長袖17／18／19／20／21cm

29

Point 1 　見せるパイピングで衿ぐりをかわいらしく

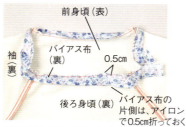

①衿ぐりに別布で裁ったバイアス布を合わせてぬう。
※バイアス布のつなぎ目は左肩にくるようにする。

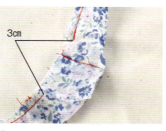

②バイアス布の端は3cmほどあけておき、つなぎ目を合わせてぬう。

③つなぎ目のぬいしろを0.5cmに切る。

④つなぎ目のぬいしろを割り、ぬい残した衿ぐりをつなげてぬう。

⑤衿ぐりのぬいしろ全体に、0.3cmくらいの切り込みを入れる。

⑥バイアス布を表に返してアイロンをかける。

⑦ゴム通し口を残してステッチをかける。

※拡大。ゴム通し口。

⑧ひも通しでゴムを通す。
衿ぐりゴム寸法
36／38／40／42／44cm

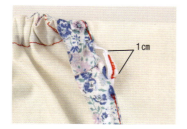

⑨ゴムの端は1cm重ねてぬう。

⑩ゴム通し口をステッチでとじて、見せるパイピングの衿ぐりの完成。

B ギャザースカート

photo p.10

[材料]
用尺は左から身長90／100／110／120／130cmの順
表布　110cm幅×70／80／90／100／110cm
ゴム　20mm幅×43／45／47／50／53cm

[実物大型紙] A面

・前スカート
・後ろスカート

[裁ち方図]
単位cm　ぬいしろは指定以外1cm
用尺は上から身長90／100／110／120／130cmの順

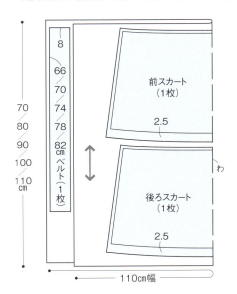

How to make

1. 脇をぬう
2. 裾を上げる
3. ベルトをつける　※ Point 2 (p.32) 参照

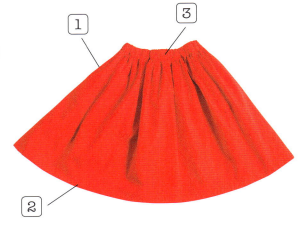

1 脇をぬう

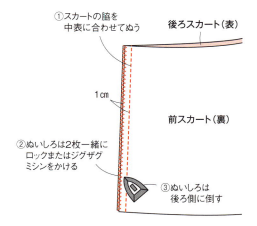

2 裾を上げる

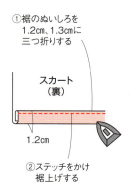

3 ベルトをつける ※ Point 2 参照

Point 2
ベルトのつけ方

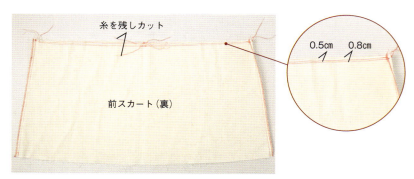

①ウエストにギャザー寄せミシンを4回に分け、2本ずつかける。
※目は粗くする。一目0.4cmくらい。

②ベルト布に印をつける

③アイロンでぬいしろを上下1cmずつ折り、半分に折る。

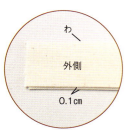

※半分に折ったとき、外側が0.1cm少なくなるように折る。

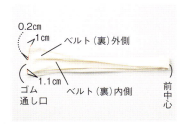

④ベルトの折りをいったん開いて、中表にわにして、後ろ中心をゴム通し口を残してぬう。

⑤ぬいしろは割り、ゴム通し口のまわりにステッチをかける。

⑥ベルトに合わせて、スカートのウエストにギャザーを寄せる。

⑦ベルトとスカートを中表に合わせる。

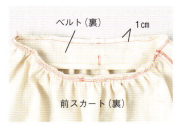

⑧ぬいしろ1cmでぬい合わせる。

⑨ベルトを表に返して、仮止めする(仮止めの糸はあとで抜きます)。

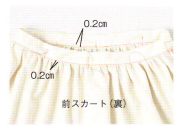

⑩0.2cmのステッチをかける。

⑪仮止めの糸を抜く。

⑫ひも通しで、ゴム通し口からゴムを通す。

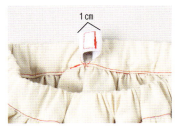

⑬ゴムの端を1cm重ねて、四角くぬう。

⑭ベルトつけの完成。

C ギャザーワンピース

photo p.11

[材料]
用尺は左から身長90／100／110／120／130cmの順
表布　110cm幅×130／140／150／160／170cm
ボタン　直径11.5mm 1個

[実物大型紙] A面

・前身頃
・後ろ身頃
・前スカート
・後ろスカート
・袖

[裁ち方図]
単位cm　ぬいしろは指定以外1cm
用尺は上から身長90／100／110／120／130cmの順

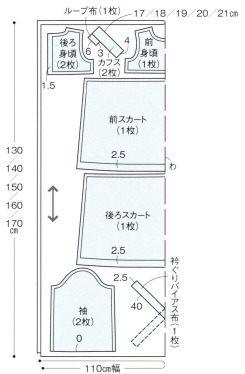

How to make

1. 後ろ身頃の中心をぬう
2. 身頃の肩と脇をぬう
3. 衿ぐりを始末する　※ Point 3 (p.36)参照
4. スカートの脇をぬい、裾を上げる
5. 身頃とスカートをぬい合わせる
6. 袖を作り、身頃につける
   ※ Point 4・5 (p.36)参照
7. ボタンをつける

1 後ろ身頃の中心をぬう

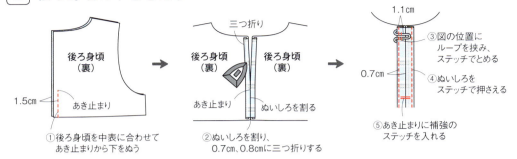

2 身頃の肩と脇をぬう

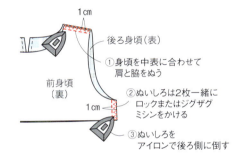

[ループを作る]

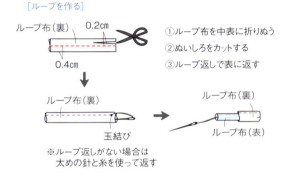

3 衿ぐりを始末する ※ Point 3 (p.36)参照

4 スカートの脇をぬい、裾を上げる

5 身頃とスカートをぬい合わせる

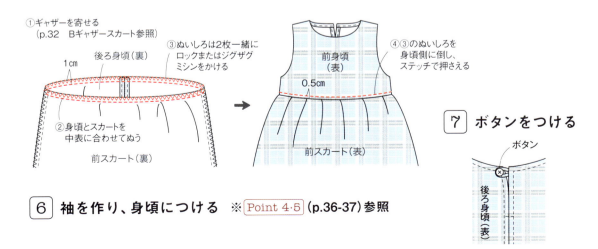

6 袖を作り、身頃につける ※ Point 4・5 (p.36-37)参照

7 ボタンをつける

Point 3　衿ぐりの始末の仕方

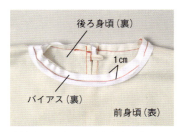

①衿ぐりにバイアス布を中表に合わせてぬう。

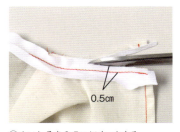

②ぬいしろを0.5cmにカットする。

③ぬいしろ全体に切り込みを入れる。

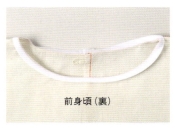

④バイアスを裏側に返して、アイロンで整える。

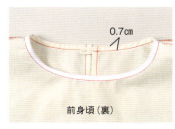

⑤0.7cmのステッチをかける。

⑥衿ぐりバイアス布の端は、手ぬいでまつる。

Point 4　カフスのつけ方

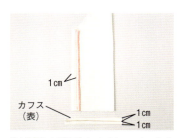

①袖下を中表に合わせてぬい、ぬいしろは2枚一緒にロックまたはジグザグミシンをかける。ぬいしろは後ろ側に倒す。カフスをアイロンで折る。

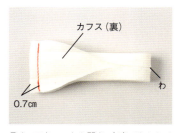

②カフスをいったん開き、中表でわにしてぬう。

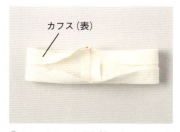

③カフスのぬいしろを割って、アイロンをかける。

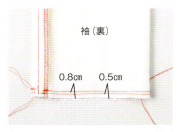

④袖口に粗ミシンを2本かけ、糸を伸ばしてカット。※粗ミシン1目0.4cmくらい。合印を基準に2回に分けて入れる。

⑤④の表側の糸を引き、カフスの幅に合わせて袖口にギャザーを寄せる。

⑥カフスと袖を合印を基準に中表に合わせてぬい合わせる。

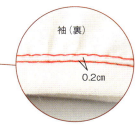

⑦カフスを表に返して袖口をくるみ、ステッチをかける。

※拡大。地ぬい線に沿うようにぬえば、きれいにぬえます。

Point 5　袖のつけ方

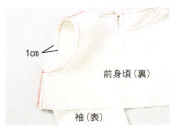

①袖と身頃を中表に合わせてぬう。

②ぬいしろは2枚一緒にロックまたはジグザグミシンをかける。

37

D ワイドTシャツ

photo p.12・13

[材料]
用尺は左から身長90／100／110／120／130cmの順
表布（ニット地）
170cm幅×50／50／50／60／60cm
※ボーダーは40番手双糸で編まれた天竺ニット使用
※無地は40番手のコーマ糸で編まれたスムースニットを使用
別布（衿ぐりをスパンフライス使用の場合）
42cmＷ幅×10cm（共通）
※衿ぐりは40番手スパンフライスを使用
※針と糸はニット専用のものを使用

[実物大型紙] B面

- 前身頃
- 後ろ身頃
- 袖

[裁ち方図]
単位cm　ぬいしろは指定以外1cm
用尺は上から身長90／100／110／120／130cmの順

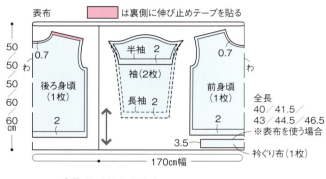

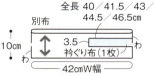

How to make

1. 身頃の肩をぬう　※ Point 7 (p.40) 参照
2. 衿ぐりを始末する　※ Point 7 (p.40) 参照
3. 袖をつける
4. 袖下と脇をぬう
5. 裾を始末する

1. 身頃の肩をぬう　※ Point 7 (p.40)参照

2. 衿ぐりを始末する　※ Point 7 (p.40)参照

3. 袖をつける

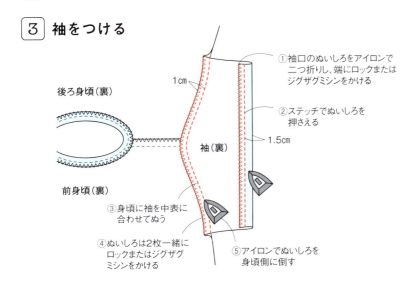

4. 袖下と脇をぬう

5. 裾を始末する

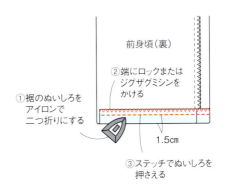

Point 6　Tシャツのボーダーの合わせ方

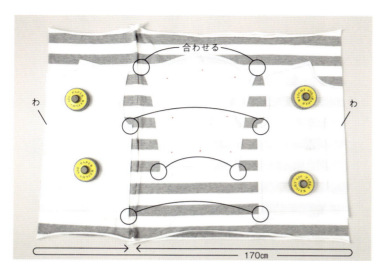

写真のように生地をたたみ、後ろ身頃と前身頃の裾の位置を合わせ、わの部分を合わせます。裾位置は白よりストライプラインにしたほうがしまります。生地を折りたたむときは、柄がずれないように注意。

Point 7　衿ぐりのぬい方

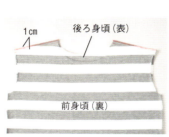

①前身頃と後ろ身頃を中表に合わせて、肩をぬう。ぬいしろは2枚一緒にロックまたはジグザグミシンをかける。ぬいしろは後ろ高にアイロンする。

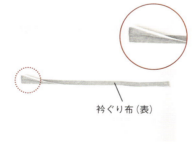

②衿ぐり布を二つ折りにしてアイロンをかける。

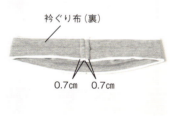

③折った衿ぐり布をいったん開き、中表にわにしてぬう。

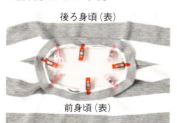

④身頃の衿ぐりに衿ぐり布を合わせる。

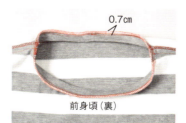

⑤ぬい合わせ、ぬいしろは2枚一緒にロックまたはジグザグミシンをかける。

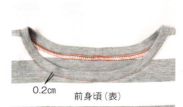

⑥ぬいしろを身頃側に倒し、ステッチをかける。

E シャツ

photo p.14

[材料]
用尺は左から身長90／100／110／120／130cmの順
表布　　110cm幅×120／130／140／150／160cm
接着芯　100cm幅×40／40／50／50／60cm
ボタン　直径10mm　1個
　　　　直径11.5mm　5個

[実物大型紙] B面

- 右前身頃
- 左前身頃
- 後ろ身頃
- ヨーク
- 前立て
- 袖
- ポケット
- 上衿
- 台衿
- カフス（長袖のみ）

[裁ち方図]
単位cm　ぬいしろは指定以外1cm
用尺は上から身長90／100／110／120／130cmの順

□ は裏側に接着芯を貼る

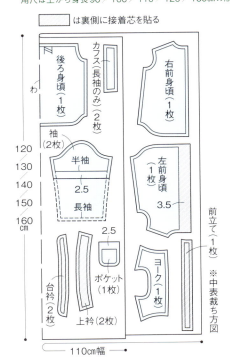

How to make

1. 左前身頃にポケットをつける
2. ヨークをつける
3. 前立てをぬい、前あきを作る　※ Point 8 (p.43)参照
4. 袖を作り、つける　※ Point 9 (p.43)参照
5. 袖下と脇をぬう
6. 裾を上げる
7. 衿を作り、身頃につける　※ Point 10 (p.44)参照
8. ボタンホールをあけ、ボタンをつける　※ Point 11 (p.45)参照

1 左前身頃にポケットをつける

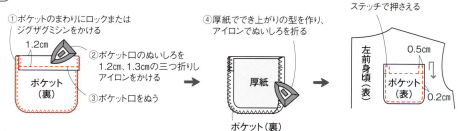

2 ヨークをつける

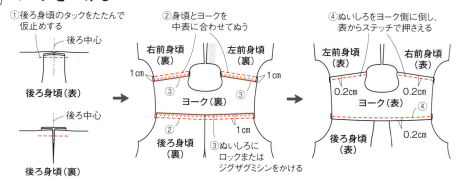

3 前立てをぬい、前あきを作る ※ Point 8 (p.43) 参照

4 袖を作り、つける ※ Point 9 (p.43) 参照

5 袖下と脇をぬう

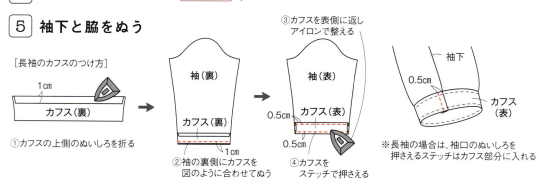

6 裾を上げる

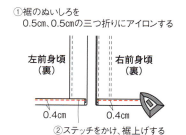

7 衿を作り、身頃につける ※ Point 10 (p.44) 参照

8 ボタンホールをあけ、ボタンをつける

※ Point 11 (p.45) 参照

Point 8　前立てのつけ方

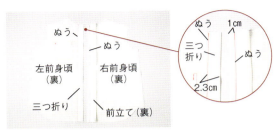

①右前身頃に前立てを中表にぬい合わせ、左前身頃はぬいしろを1cm、2.5cmに三つ折りしてぬう。

②前立てを表に返して、裏に0.1cm控えてアイロンをかける。

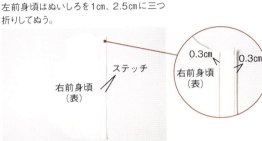

③0.3cmでステッチをかける。

Point 9　袖のつけ方

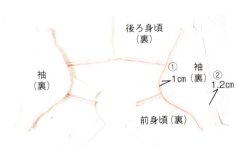

①身頃と袖を中表に合わせてぬう。ぬいしろは2枚一緒にロックまたはジグザグミシンをかける。袖口は、1.2cm、1.3cmの三つ折りしてぬう。

②ぬいしろは身頃側に倒して、0.2cmでステッチをかける。

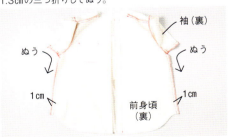
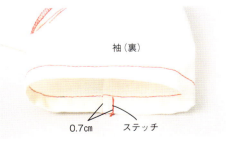

③袖下から脇を中表でぬう。ぬいしろは2枚一緒にロックまたはジグザグミシンをかけ、アイロンで後ろ側に倒す。

④袖口のぬいしろのみ、ステッチで押さえる。

Point 10　衿のつけ方

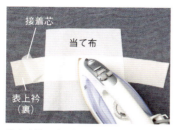

①表上衿の裏に接着芯を貼る。

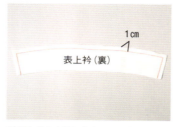

②表上衿を中表に合わせてぬう。

③角をカットし、ぬいしろを0.5cmにカットする。

④表に返してアイロンで整える。

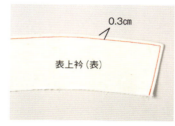

⑤まわりにステッチをかける。

⑥表上衿が少しゆとりが入るくらい、裏上衿よりずらして仮止めする。

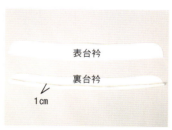

⑦裏台衿のつけ側のぬいしろをアイロンで折る。

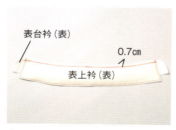

⑧表台衿に表上衿を合わせて仮止めする。

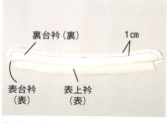

⑨⑧に裏台衿を中表に合わせてつけ側のぬいしろをよけてぬう。

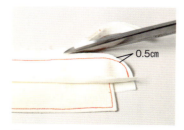

⑩ぬいしろを0.5cmにカットする。カーブに切り込みを入れる。

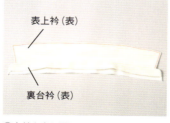

⑪台衿を表に返してアイロンで整える。

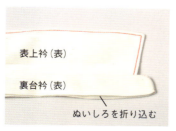

⑫表台衿のつけ側のぬいしろをいったん折り込む。

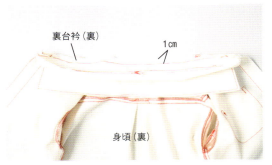

⑬身頃の裏に、裏台衿表を合わせてぬう。

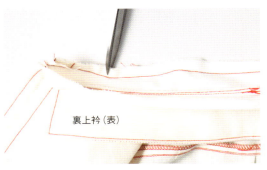

⑭ぬいしろに切り込みを入れる。

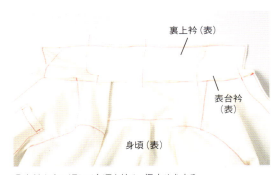

⑮台衿を表に返して身頃を挟み、仮止めをする。

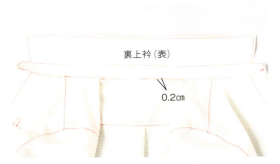

⑯台衿のまわりをステッチして仮止めの糸を抜く。

Point 11　ボタンホールのあけ方

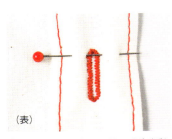

①ボタンホールに細かい目のジグザグミシンをかける。切りすぎないようまち針をとめる。

②リッパーで切り込みを入れる。

F ペプラムパンツ

photo p.16

[材料]
用尺は左から身長90／100／110／120／130cmの順
表布　110cm幅×80／90／100／110／120cm
ゴム　20mm幅×43／45／47／50／53cm

[実物大型紙] C面

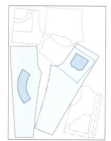

- 前パンツ
- 後ろパンツ
- ポケット
- ペプラム布

[裁ち方図]
単位cm　ぬいしろは指定以外1cm
用尺は上から身長90／100／110／120／130cmの順

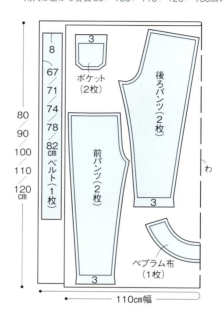

How to make

1. 後ろパンツにポケットをつける
2. 股上をぬう ※Point 12 (p.48) 参照
3. 股下をぬう ※Point 12 (p.48) 参照
4. 脇をぬう ※Point 12 (p.48) 参照
5. 裾を上げる
6. ベルトをつける

前　　　後ろ

1 後ろパンツにポケットをつける

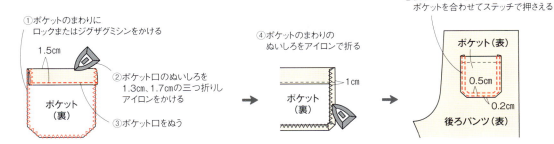

2 股上をぬう ※ Point 12 (p.48) 参照

3 股下をぬう ※ Point 12 (p.48) 参照

4 脇をぬう ※ Point 12 (p.48) 参照

5 裾を上げる

6 ベルトをつける

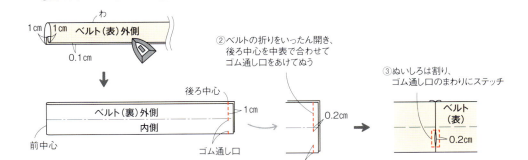

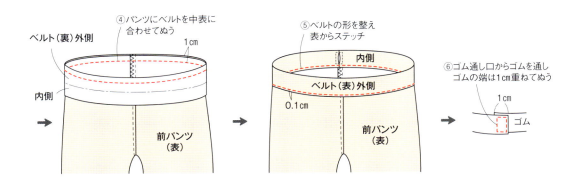

Point 12　股上→股下→脇の順でぬうパンツ

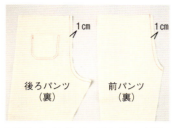

①後ろパンツ、前パンツそれぞれ、中表にして股上をぬう。

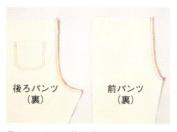

②ぬいしろは2枚一緒にロックまたはジグザグミシンをかける。

③前パンツの股上のぬいしろを右側に倒して表からステッチ。

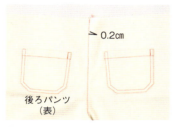

④後ろパンツの股上のぬいしろを右側に倒して表からステッチ。

⑤股下と裾を合わせてクリップでとめる。
※先に裾のぬいしろを三つ折りしてアイロンをかけておくとやりやすい。

⑥裾から裾までぬう。

⑦ぬいしろは2枚一緒にロックまたはジグザグミシンをかけ、アイロンで前パンツ側に倒す。

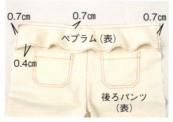

⑧ペプラムの下側のぬいしろを、0.5cm、0.5cmに折り、0.4cmのステッチをかける。後ろパンツにペプラムをぬいつける。

⑨脇をぬい、ぬいしろは2枚一緒にロックまたはジグザグミシンをかける、ぬいしろはアイロンで後ろ側に倒す。

G ショートパンツ

photo p.17

[材料]
用尺は左から身長90／100／110／120／130cmの順
表布　110cm幅×70／80／80／80／90cm
別布　110cm幅×30cm（共通）
伸び止めテープ（ハーフバイアス）　12mm幅×50cm（共通）
ゴム　20mm幅×43／45／47／50／53cm

[実物大型紙]C面

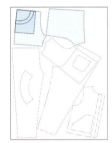

・前パンツ
・後ろパンツ
・向こう布
・袋布

[裁ち方図]
単位cm　ぬいしろは指定以外1cm
用尺は上から身長90／100／110／120／130cmの順

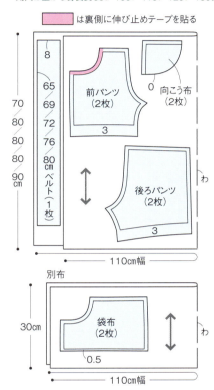

How to make

1. 前ポケットを作る　※ Point 13 (p.50) 参照
2. 脇をぬう
3. 股下をぬう
4. 股上をぬう
5. 裾を上げる
6. ベルトをつける

Point 13　前ポケットを作る

①前パンツのポケット口のカーブに伸び止めテープを貼る。

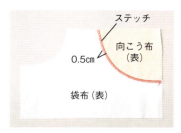

②向こう布に図のようにロックまたはジグザグミシンをかけ、袋布にのせ、ステッチをかける。

③袋布を前パンツと中表に合わせて、口部分をぬい合わせる。

④カーブに切り込みを入れる。

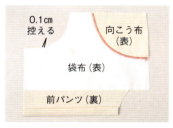

⑤袋布を表に返して、0.1cm控え、アイロンをかける。

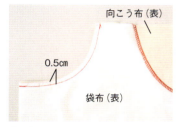

⑥口部分をステッチで押さえる。

⑦袋布を外表に半分に折り、裾をぬう。

⑧袋布を裏返して、中表にし、裾をぬう。

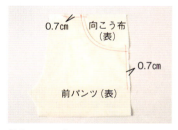

⑨前パンツの表から、袋布を仮止めする。

1 前ポケットを作る ※ Point 13 (p.50) 参照

2 脇をぬう

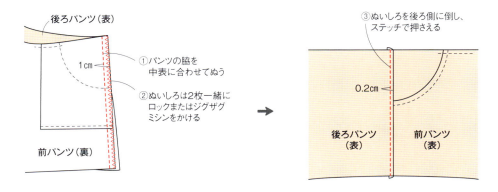

3 股下をぬう

4 股上をぬう

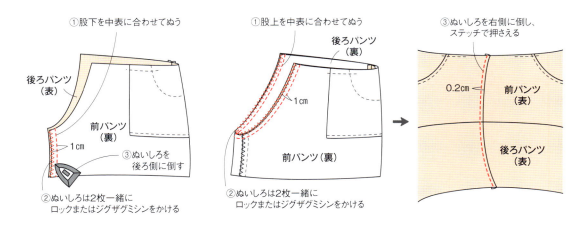

5 裾を上げる

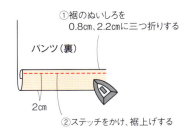

6 ベルトをつける

※ F ペプラムパンツ (p.47) 参照

H ベスト

photo p.18

[材料]
用尺は左から身長90／100／110／120／130cmの順
表布　110cm幅×60／60／60／70／70cm
裏布　110cm幅×40／40／40／50／50cm
接着芯　縦40cm×横50cm
スナップボタンまたはボタン
　スナップ　直径17mm　4組
　ボタン　直径18mm　4個

[実物大型紙] C面

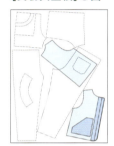

・表前身頃
・裏前身頃
・後ろ身頃
・見返し
・ポケット

[裁ち方図]　単位cm　ぬいしろは指定以外1cm
　　　　　　用尺は上から身長90／100／110／120／130cmの順

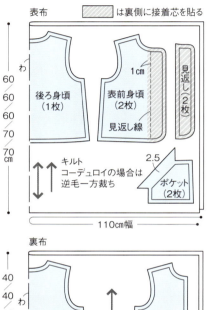

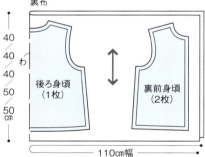

How to make

1. 表前身頃にポケットをつける
2. 表身頃の肩をぬう
3. 裏身頃に見返しをつける
4. 裏身頃の肩をぬう
5. 表身頃と裏身頃をぬい合わせる
　※ Point 14 (p.54) 参照
6. 前あきを仕上げる

1 表前身頃にポケットをつける

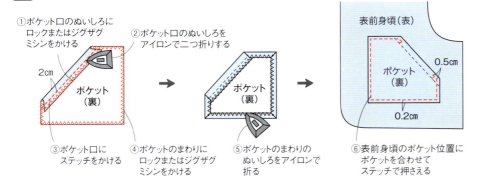

2 表身頃の肩をぬう

3 裏身頃に見返しをつける

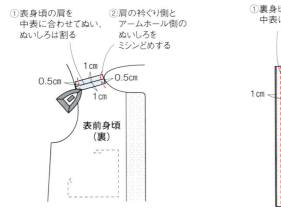

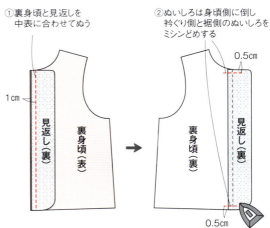

4 裏身頃の肩をぬう ※2参照

5 表身頃と裏身頃をぬい合わせる ※Point 14 (p.54)参照

6 前あきを仕上げる

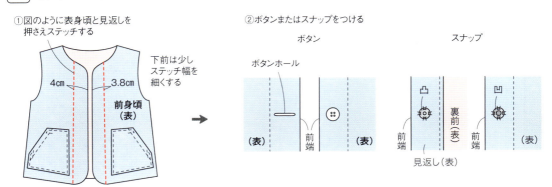

Point 14　表布と裏布の突き合わせのぬい方

①表布と裏布を中表で合わせる。

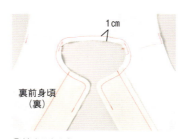
②衿ぐりをぬう。
※前端の途中までぬう。

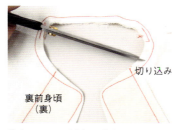
③角のぬいしろを切り落とし、ぬいしろに切り込みを入れる。

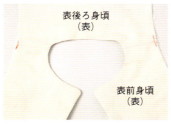
④表に返してアイロンで整える。

⑤前身頃の表布と裏布の袖ぐりを中表に合わせる。

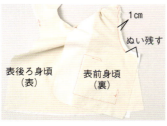
⑥袖ぐりをぬいしろ1cmでぬい合わせる。アーム下は端から4〜5cmをぬい残す。

⑦カーブに切り込みを入れる。

⑧後ろ身頃の表布と裏布の袖ぐりを中表に合わせる。

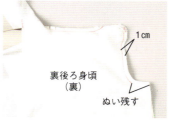
⑨袖ぐりをぬいしろ1cmでぬう。アーム下は端から4〜5cmをぬい残す。

⑩カーブに切り込みを入れる。

⑪表に返してアイロンで整える。
※もう片側も同様に袖ぐりをぬう。

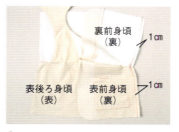
⑫表布の前身頃と後ろ身頃、裏布の前身頃と後ろ身頃を、それぞれ中表に合わせて、ぬいしろ1cmでぬう。

⑬ぬいしろを割る。

⑭ ⑥と⑨でぬい残してあったアーム下をぬい合わせる。

⑮アーム下のカーブに切り込みを入れる。

⑯表に返してアイロンをかける

⑰裏布と表布を中表に合わせる。

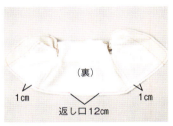

⑱返し口12cmをぬい残して、前端から裾をぬう。

⑲角のぬいしろを切り落とす。

⑳返し口から表に返す。

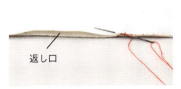

㉑返し口を手ぬいでまつる。

I コート

photo p.20

[材料]
用尺は左から身長90／100／110／120／130cmの順
表布　110cm幅×160／170／180／190／200cm
接着芯　100cm幅×50／60／60／70／70cm
伸び止めテープ（ストレート）　1.2cm幅×70cm（共通）
ボタン　直径21mm　4個

[実物大型紙]D面

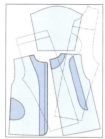

・前身頃
・後ろ身頃
・前見返し
・後ろ見返し
・袖
・フリル
・袋布

[裁ち方図]
単位cm　ぬいしろは指定以外1cm
用尺は上から身長90／100／110／120／130cmの順

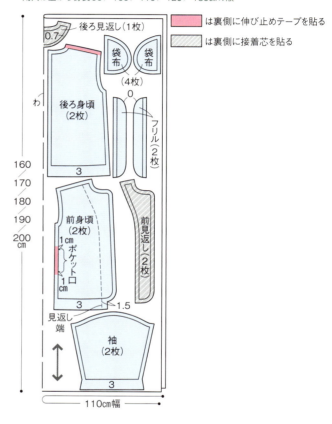

How to make

1. 後ろ身頃の中心をぬう
2. ポケットを作る
3. 肩をぬう
4. フリルを挟み、袖をつける
5. 袖下と脇をぬう
6. 身頃に見返しをつけ、裾を上げる

※ Point 15 (p.58) 参照

1 後ろ身頃の中心をぬう

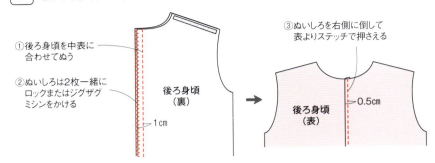

2 ポケットを作る ※Jサロペット Point 16 (p.61)参照

3 肩をぬう

4 フリルを挟み、袖をつける

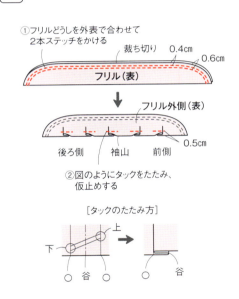

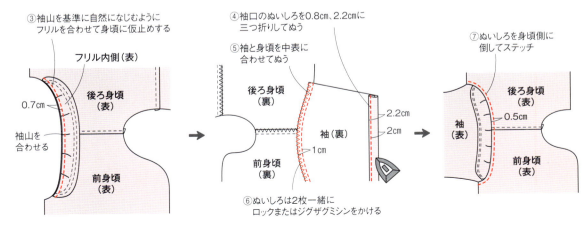

5 袖下と脇をぬう

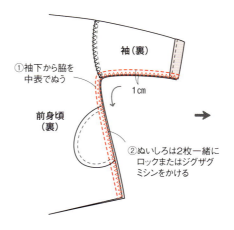
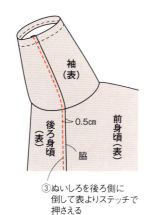

①袖下から脇を中表でぬう
②ぬいしろは2枚一緒にロックまたはジグザグミシンをかける
③ぬいしろを後ろ側に倒して表よりステッチで押さえる

6 身頃に見返しをつけ、裾を上げる ※ Point 15 参照

Point 15
コートの見返しのつけ方

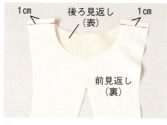
①前見返しと後ろ見返しを中表に合わせて、肩をぬう。

②ぬいしろは割り、まわりにロックまたはジグザグミシンをかける。

③ぬいしろの0.7cmをアイロンで折る。

④表からステッチをかける。

⑤本体と見返しを中表に合わせる。

⑥ぬいしろ1cmでぬう。

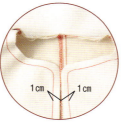
※衿ぐり部分の拡大。

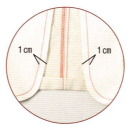
※裾部分の拡大。

⑦裾部分の角のぬいしろをカットする。

⑧衿ぐりの角のぬいしろをカットし、カーブに切り込みを入れる。

⑨表に返してアイロンで整える。裾のぬいしろを0.8cm、2.2cmの三つ折りに折る。

⑩前端部分にステッチ。

※衿ぐり部分の拡大。

※裾部分の拡大。

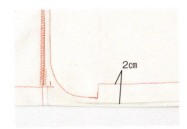
⑪裾を見返しから続けてぬう。

※見返し部分の裏。

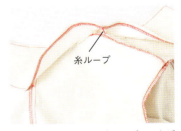
⑫後ろ身頃と見返しを糸ループでつなげる。※糸ループは肩のぬいしろに止める。

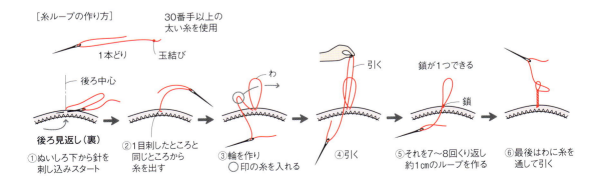

[糸ループの作り方] 30番手以上の太い糸を使用

①ぬいしろ下から針を刺し込みスタート
②1目刺したところと同じところから糸を出す
③輪を作り○印の糸を入れる
④引く
⑤それを7〜8回くり返し約1cmのループを作る
⑥最後はわに糸を通して引く

J サロペット

photo p.21

[材料]

用尺は左から身長90／100／110／120／130cmの順
表布　110cm幅×110／120／130／140／150cm
伸び止めテープ（ストレート）　12mm幅×30cm
ゴム　20mm幅×26／28／30／32／34cm

[実物大型紙] D面

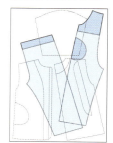

- 前パンツ
- 後ろパンツ
- 袋布
- 後ろ見返し
- 前見返し

[裁ち方図]

単位cm　ぬいしろは指定以外1cm
用尺は上から身長90／100／110／120／130の順

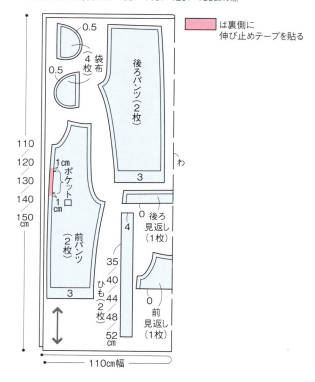

■ は裏側に伸び止めテープを貼る

How to make

1. ポケットを作る　※ Point 16 (p.61) 参照
2. 股上をぬう
3. 股下をぬう
4. 肩ひもを作る
5. 見返しをつける
6. 脇をぬう
7. 裾を上げる

Point 16　ぬい目を利用した、簡単なスラッシュポケットの作り方

①前パンツのポケットつけ位置に、伸び止めテープを貼る。

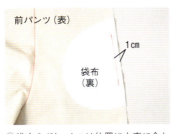

②袋布をポケットつけ位置に中表に合わせてぬう。

③ポケットつけ位置のぬい目のギリギリに切り込みを入れる。

④袋布を表に返してアイロンで整える。

⑤端から0.7cmにステッチを入れる。

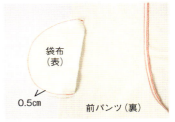

⑥袋布を裏に返して、もう1枚の袋布を外表に重ねてぬう。

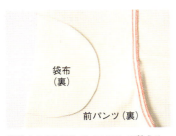

⑦袋布を裏に返して、アイロンで整える。

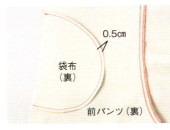

⑧ステッチをかける。

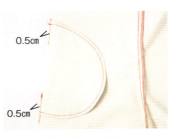

⑨袋布をパンツに仮止めする。

⑩表からステッチの上下をとめぬいする。

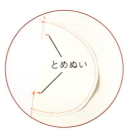

※とめぬいを裏から見ると。

1 ポケットを作る ※ Point 16 (p.61) 参照

2 股上をぬう

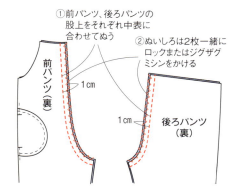
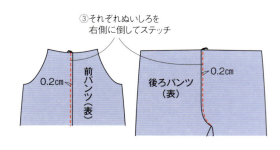

3 股下をぬう ※ F ペプラムパンツ (p.48⑤) 参照

4 肩ひもを作る

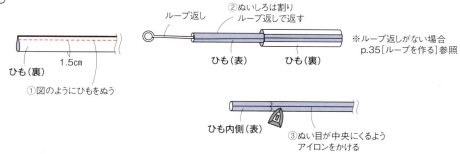

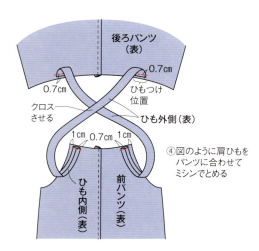